_____ 학교 ____ 학년 ____ 반 _____의 책이에요.

'체험학습'이란 책에서나 수업 시간에 배운 지식을 실제 현장에서 직접 경험해 보는 공부 방법이에요. 단순히 전시된 물건을 관람하거나 공연을 보는 것이 아니라 학습을 하기 전에 미리 필요한 정보를 조사하는 것까지를 포함한 모든 활동을 의미해요. 어떻게 공부할 것인지를 준비하면 그렇지 않은 경우보다 훨씬 더 많은 것을 보고 느끼게 되겠지요. 이 책은 체험학습을 하려는 어린이들에게 좋은 길잡이 역할을 할 거예요.

❶ 가기 전에 읽어 보세요

이 책은 체험학습 현장을 어린이들이 쉽게 이해할 수 있도록 풀이한 안내서예요. 어린이들이 직접 체험학습 현장을 찾아가는 데 필요한 정보가 들어 있어요. 체험학습 현장을 가기 전에 꼼꼼히 읽어 보세요.

❷ 현장에서 비교해 보세요

전시관의 핵심 내용을 이해할 수 있는 배경지식을 담아 전시관을 돌아볼 때 많은 도움이 될 거예요. 뿐만 아니라 현장에 직접 가보지 않아도 암사 유적지가 어떤 곳인지 알 수 있도록 생생하게 구성했어요.

❸ 스스로 활동해 보세요

이 시리즈는 단지 지식을 전달하기 위한 교양서가 아니에요. 어린이 여러분이 교과서로 수업 시간에 배운 내용을 실제 현장에서 직접 체험하며 익힐 수 있도록 다양한 활동 내용을 담았지요. 책 중간이나 뒷부분에 이해를 돕기 위한 활동이 있으니 꼭 스스로 정리해 보세요.

❹ 견학 후 활동이 다양해요

체험학습 후에는 반드시 견학 후 여러 가지 활동을 해 보세요. 보고서 쓰기, 신문 만들기, 그림 그리기 등을 통해 체험학습에서 보고 들은 내용을 다시 한번 정리하면 알찬 체험학습이 될 거예요.

신나는 교과 체험학습 06

신석기 시대 마을로 초대합니다 **암사 유적지**

초판 1쇄 발행 | 2006. 1. 15.
개정 3판 7쇄 발행 | 2023. 11. 10.

글 김효중 | **그림** 강봉승 심가인 | **감수** 이이화

발행처 김영사 | **발행인** 고세규
등록번호 제 406-2003-036호 | **등록일자** 1979. 5. 17.
주소 경기도 파주시 문발로 197(우-10881)
전화 마케팅부 031-955-3100 | 편집부 031-955-3113~20 | 팩스 031-955-3111

값은 표지에 있습니다.
ISBN 978-89-349-8446-7 64000
ISBN 978-89-349-8306-4 (세트)

좋은 독자가 좋은 책을 만듭니다. 김영사는 독자 여러분의 의견에 항상 귀 기울이고 있습니다.
전자우편 book@gimmyoung.com | 홈페이지 www.gimmyoungjr.com

어린이제품 안전특별법에 의한 표시사항

제품명 도서 제조년월일 2023년 11월 10일 제조사명 김영사 주소 10881 경기도 파주시 문발로 197
전화번호 031-955-3100 제조국명 대한민국 ⚠주의 책 모서리에 찍히거나 책장에 베이지 않게 조심하세요.

신석기 시대 마을로 초대합니다

암사 유적지

글 김효중 그림 강봉승 심가인 감수 이이화

주니어김영사

옛날 옛적,
우리나라 사람들은요……

　어두운 밤 동굴 속, 따뜻한 불 주위로 사람들이 모였어요. 낮에 사냥한 고기가 익는 냄새와 두런두런 이야기 하는 소리가 동굴을 채워요.

　무슨 장면이냐고요? 구석기 시대 사람들이 하루를 마치는 장면을 상상한 거예요. 한반도에는 70만 년 전부터 사람이 살기 시작했어요. 이들이 살았던 동굴에서는 불을 피운 흔적과 돌을 깨뜨려서 만든 뗀석기, 그리고 동물의 뼈 등이 발견되었답니다. 이런 유물을 통해 구석기 시대에 사람들이 동굴에서 생활하며 짐승과 물고기를 잡아 불에 구워 먹고 뗀석기를 사용했다는 사실을 짐작할 수 있어요.

　그러다 그전까지 지구를 뒤덮고 있었던 빙하가 녹기 시작했어요. 날씨는 따뜻해지고 숲이 우거져 동식물도 많아졌지요. 이에 따라 사람들의 생활 모습도 차츰 바뀌어 갔어요. 구석기 시대와는 확연히 달라진 이 시기를 '신석기 시대'라고 부릅니다.

　신석기인들은 동굴에서 벗어나 큰 강가나 바닷가에서 살았어요. 예전처럼 동물을 사냥하고 물고기를 잡기도 했지만 점차 농사를 짓고 가축을 기르는 법을 알게 되었지요. 신석기 시대의 유적에서는 풀을 엮어 지은 움집, 뗀석기보다 정교하고 날카로운 간석기, 화덕, 빗살무늬 토기, 낚시나 바늘 등 동물의 뼈로 만든 도구, 농기구 등이 발견됩니다.

70만 년	8000년	800년	194년
구석기 시대	신석기 시대	청동기 시대	초기 철기 시대

연도는 기원전

한편, 한곳에 오랫동안 모여 살다 보니 한 마을에 친척이 많이 생겼어요. 이렇게 같은 핏줄끼리 모여 사는 집단을 '씨족'이라고 불러요. 씨족 마을에서는 경험이 많은 어른을 중심으로 모든 사람이 평등하게 살았답니다.

시간이 흐르고, 한반도에는 또 한번 변화의 물결이 일렁입니다. 고인돌에 대해 들어본 적이 있지요? 청동기 시대의 대표적 유물인 고인돌은 지배자들의 무덤이에요. 평등하던 신석기 시대가 끝났음을 알 수 있어요. '군장'이라고도 불리는 이들은 청동 무기를 앞세워 이웃 부족을 정복했어요. 부족끼리의 세력 다툼 끝에 세워진 우리 민족 최초의 국가가 바로 단군의 '조선'이에요. 단군조선은 만주와 한반도를 포함하는 넓은 지역을 차지했어요.

그러던 어느 날, 위만이라는 사람이 단군조선의 준왕을 몰아내고 왕이 되었어요. 이때부터 철기 문화가 본격적으로 시작되었고, 위만조선의 힘은 더욱 커졌지요. 그런데 위만조선이 강해지는 것을 염려한 중국의 한나라가 공격을 해 와 위만조선은 결국 멸망하고 말았답니다. (단군조선과 위만조선을 통틀어 고조선이라고 불러요.)

고조선이 멸망한 무렵, 한반도와 만주에는 철기를 잘 다루는 여러 부족이 있었어요. 이들이 국가로 발전한 이 시기부터 우리나라에는 역사 시대가 본격적으로 전개됩니다.

＊그림 속의 문양은 울산시에 있는 바닷가 바위(반구대)의 그림을 본뜬 것이에요. 선사 시대의 사람들이 사냥이 잘 되기를 바라는 마음에서 그린 것입니다.

암사 유적지로 출발~!

미리 준비하세요

수첩, 기구, 사진기,
지하철 노선표, 교통비,
《암사 유적지》 책

미리 알아 두세요

관람 시간

	1월~12월(연중)
매표시간	09:30~17:30
관람시간	09:30~18:00
1월 1일, 매주 월요일은 문을 열지 않아요.	

입장료

	어른(19세~64세)	어린이(7세~18세)
개인	500원	300원
단체	400원	200원
6세 이하의 어린이, 65세 이상 어른, 장애우, 국가유공자, 생활보호대상자는 무료입니다.		

문의

암사 유적지 관리사무소 02-3425-6520
또는 홈페이지 http://www.sunsa.gangdong.go.kr/에 문의하세요.

암사 유적지에 가는 방법

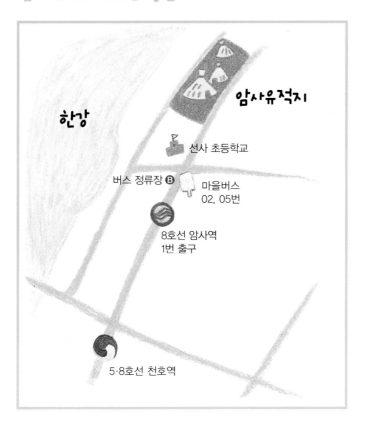

한강

암사유적지

선사 초등학교

버스 정류장 Ⓑ

마을버스
02, 05번

8호선 암사역
1번 출구

5·8호선 천호역

 버스 타고 가자

340, 3411번 버스를 타고 삼성광나루아파트 정류장에서
내려 유적지 방향으로 15분 정도 걸어가면 돼요.

🚆 지하철 타고 가자

8호선 암사역에서 내려 4번 출구로 나온 후 100미터
정도만 곧장 걸으면 돼요. 또는 1번 출구에서 마을버스
02번을 타고 암사 유적지 정문 앞에서 내려요.

🚗 자동차 타고 가자

천호대교를 지나 천호동 사거리에서 현대백화점을
바라보며 암사동 방향으로 좌회전합니다. 5~7분 정도
계속 직진해서 가면 왼편으로 암사 유적지가 보여요.
100~200미터 간격으로 이정표가 계속 나오기 때문에
찾기 쉽답니다.

서울 암사동 유적

서울 암사동 유적에 무사히 도착했나요? 길 건너편에 꽃 가게들이
보이고, 눈앞에 광장과 주차장, 아담한 입구가 보이면 제대로
찾아온 거예요. 우선 매표소에서 입장권을 사세요.

그 다음 입구로 들어가 오른쪽으로 조금만 가면 길 안내 팻말이
세워져 있어요. 우리가 첫 번째로 갈 곳은 선사시대 움집이에요.
어디인지 손으로 한번 짚어 볼까요? 찾았으면 팻말이
가리키는 방향으로 출발!

❶정문
❷화장실1
❸주차장
❹매점
❺광장

❻매표소
❼움집
❽상설전시실
❾신석기체험실
❿화장실2

⓫관리사무실
⓬화장실3
⓭선사체험 마을

움집

자, 이제 수천 년 전으로 시간 여행을 떠나 볼까요?

잠깐, 신석기인들이 우리를 낯선 사람들이라고

이상하게 쳐다볼 수도 있어요.

그렇다면 떠나기 전에 동물 가죽 옷으로 갈아입고,

신발과 머리 모양도 신석기인처럼 꾸며 보아요.

어떻게 그렇게 하냐고요? 물론, 상상 속에서죠.

역사를 공부할 때는 마치 그 시대 사람이 된 것처럼 자신을

변신시키는 상상을 하는 것이 도움이 된답니다.

자, 손에는 돌을 뾰족하게 갈아서 만든 창을 하나 쥐고,

발목에는 뼈로 만든 발찌를 하나 차는 거예요.

그럴듯하게 변신했나요? 그럼, 안심하고 출발!

홍수 때문에 드러난 집터

홍수가 나면 어떻게 되나요? 암사 유적지에 와서 왜 갑자기 홍수 이야기를 하느냐고요? 어리둥절해 하는 친구들이 보이네요. 홍수가 나면 강물이 넘치고 집과 길이 물에 잠겨 많은 피해가 생겨요. 심지어 사람이 다치거나 죽는 일이 발생하기도 하지요. 그런데 바로 이 홍수 덕분에 암사유적지가 드러나게 되었답니다.

암사 유적지에 사람이 살았던 것은 지금으로부터 수천 년 전인 **신석기 시대**의 일이에요. 그러니 그때 사람들이 집을 짓고 먹고 살았던 흔적들은 오랜 세월이 흐르는 동안 바람이나 비에

신석기 시대
역사학자들은 선사 시대를 사용한 도구로 구분합니다. 신석기 시대란 돌을 갈아 만든 간석기를 사용했던 시기를 말해요.

움집
땅을 파고 나무로 뼈대를 세운 후 위에 나뭇잎이나 짚을 얹어 비바람과 추위를 막았어요. 신석기 시대 사람들의 안락한 보금자리였답니다.

쓸려 온 모래와 흙으로 덮여 버리고 말았지요. 사람들이 신석기 시대의 집터가 숨겨진 땅을 매일 밟고 지나다녀도 모를 정도로요!

그러다 시간이 지나고 또 지나 1925년, 한강 주변에 엄청나게 많은 양의 비가 내렸어요. 한강에는 대홍수가 일어났지요. 강물이 넘쳐 거센 물줄기가 암사동을 휩쓸었어요. 수천 년 동안 쌓여 있던 흙이 쓸려 내려 가기 시작했고, 마침내 땅 밑에서 잠자고 있던 신석기 시대의 집터와 유물들이 모습을 드러냈답니다.

그전까지 우리나라에서는 여러 신석기 시대 집터가 발견됐어요. 하지만 이처럼 하나의 마을을 이룬 집터가 나타난 것은 처음이었답니다. 당시 많은 역사학자들이 암사 유적지의 등장에 흥분을 감추지 못했어요.

유물
옛 사람들이 남긴 형체가 있는 물건 중 크기가 작고 옮길 수 있는 것을 말합니다.

그리고 여러 차례의 **발굴**과 조사를 한 결과, 암사유적지는 **선사 시대**, 특히 신석기 시대를 연구하는 데 중요한 **유적**으로 평가받았답니다.

암사 유적지처럼 우연한 발견은 가끔씩 일어나고 있어요. 아파트를 짓기 위해 땅을 파다가 유물이 발견되기도 하고, 홍수 때문에 망가진 논밭을 정리하다가 유물이 한꺼번에 쏟아지기도 해요. 암사동 근처에 있는 풍납동의 백제 위례성 주거지도 그런 경우였지요. 풍납동 백제 위례성 주거지는 현재 문화재 보호구역으로 지정되어 주변의 땅을 2미터 이상 파헤칠 수 없도록 되어 있답니다. 함부로 땅을 파다가는 소중한 유물을 망가뜨릴 수 있으니까요.

여러분도 이제부터는 다니면서 주위를 유심히 살펴보세요. 수천 년 전의 유물이 여러분 앞에 '짜잔!' 하고 나타날 수도 있지 않겠어요? 게다가 유물에 발견자의 이름을 붙이는 경우도 있으니 어쩌면 자신의 이름을 붙인 유물이 생기는 신나는 일이 일어날 수도 있답니다.

못다한 암사동 발굴 이야기

홍수로 암사 유적지가 드러났지만 처음엔 유적이 모두 물에 쓸려 갔거나 망가졌을 것으로 생각했어요. 그래서 자세히 조사하지 않았지요. 그런데 장충고등학교가 이곳에 야구장을 건설하면서 빗살무늬 토기 조각들이 발견된 거예요. 이때부터 본격적으로 발굴과 연구를 하게 되었답니다. 모두 네 번에 걸쳐서 발굴 조사가 실시되었고, 그 결과 20여 개의 집터가 드러났어요. 특히 4차 발굴 때에는 삼국 시대의 무덤이 발견되었지요. 신석기 시대 이후에도 이곳에서 계속 사람이 살았다는 증거예요. 암사 유적지에 대한 관심은 계속 이어져 그 이후에도 여러 차례 발굴이 이루어졌어요. 하지만 아직까지 발굴된 면적은 전체 유적에 비하면 작은 부분이라고 해요. 앞으로 발굴이 더 진행된다면 아주 큰 규모의 마을 모습이 나올 수도 있답니다.

그런데 선사가 무슨 뜻이에요?

여러분이 오늘 찾아온 곳의 이름이 무엇이지요? '암사 유적지'라고요. 맞아요. 잘 알고 있네요. 그렇다면 혹시 마을버스에서 "이번 정류장은 암사동 선사 초등학교입니다."라는 안내 방송이 나온 것을 기억하나요? 선사란 과연 무슨 뜻인지 알아보도록 해요. 암사동은 선사 시대의 유적이 있는 곳이지요.

우리는 과거에 일어났던 사실, 즉 우리가 태어나기 수백 년이나 수천 년 전의 일을 어떻게 알 수 있을까요? 오래된 과거의 일을 알아내는 방법에는 크게 두 가지가 있답니다. 기록을 살펴보는 것과 유물을 분석하는 것이에요.

그런데 기록을 남기고 싶어도 그럴 수 없었던 때가 있었어요. 왜일까요? 글이 없었기 때문이에요. 글자가 발명되기 전이었으니까요. 글자가 없어 겪은 일들을 적어 놓을 수 없었던 이 시기를 '선사 시대'라고 해요. 오늘 우리가 체험학습하는 암사 유적지는 글자가 없었던 선사 시대의 유적이랍니다. 그럼 기록이 남아 있는 시대는 무엇이라고 부를까요? 정답은 '역사 시대'예요. 역사 시대의 유적지는 유적과 유물, 여러 문헌이 남아 있어 연구 자료가 풍부하답니다.

선사 시대

토기

역사 시대

삼국유사

왜 한강변에 살았을까요?

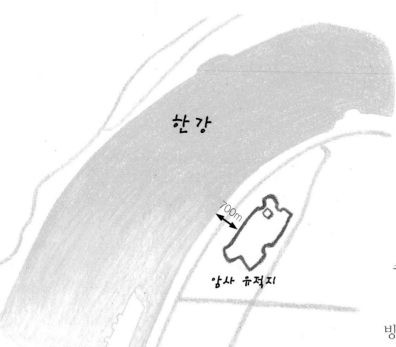

한 강

700m

암사 유적지

한강과 가까운
암사 유적

🔖 빙하기
지구의 넓은 지역이
빙하로 뒤덮인 시대
를 빙하 시대라고 해
요. 하지만 빙하 시
대라고 항상 추웠던
것은 아니에요. 따뜻
한 때와 추운 때가
번갈아 있었지요. 그
중 추웠던 때를 빙하
기라고 부르고, 따뜻
했던 때를 간빙기라
고 부릅니다.

주변을 둘러보세요.
한강이 보이나요?
나무들이 가리고 있어 질
안 보인다고요? 그래서 옆
에 지도를 마련해 두었답니
다! 지도를 보면 여러분이 서
있는 암사 유적지에서 멀지 않
은 곳에 한강이 있는 것을 알
수 있을 거예요.

빙하기가 끝나고 따뜻해지자
빙하가 녹아 한강의 물이 불어났
어요. 물고기, 조개들이 살기에 좋은 환
경이 되었지요. 이제 한강은 마실 물과 농사 지을 물, 그리고 1년
내내 먹을거리를 대 주는 보물 창고가 되었답니다. 산이나 들로 사
냥을 나가면 실패하는 일이 잦았지만 강은 언제든지 먹을거리를 주
었어요. 심지어 겨울에도 얼음을 깨고 물고기를 잡을 수 있으니 한
강 주변은 신석기 시대 사람들이 살기에 더할 나위 없이 좋은 조건
을 갖춘 셈이었지요. 지금은 암사 유적지가 한강과 700미터쯤 떨
어져 있지만, 그때는 한강과 매우 가까운 모래 언덕 위에 있었다고
해요.

한강의 이런 조건 덕분에 한강 주변에서는 암사동뿐만 아니라 미
사리 유적 등 30여 곳의 유적이 발견되었답니다.

선사 시대의 자연환경

암사 유적지에 사람이 살기 시작한 때는 신석기 시대부터예요. 한강에 물이 불어나서 살기 좋은 조건이 되었다는 이야기를 방금 했지요. 한강에 물이 왜 불어났나요? 빙하기가 끝나고 따뜻해졌기 때문이라고 했어요. 조금 어려운 이 이야기를 더 해 보도록 해요.

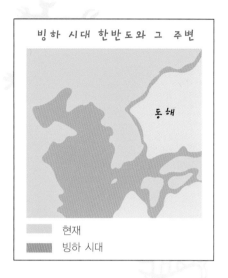

빙하 시대 한반도와 그 주변

동해

현재
빙하 시대

신석기 시대가 시작되기 전에 지구는 아주 추웠어요. 온통 얼음으로 뒤덮여 있었던 이때를 '빙하 시대'라고 부른답니다. 매머드나 큰뿔사슴처럼 털 많고 덩치 큰 동물들이 이 시기에 살았고, 숲에는 나뭇잎이 뾰족한 침엽수들이 있었어요. 사람들은 지금보다 훨씬 더 추운 날씨 속에서 열매와 뿌리를 구하러 다니고, 매머드를 사냥하며 살았겠지요. 위의 지도를 살펴보면 알 수 있듯이 땅의 모습도 지금과는 많이 달랐어요. 중국, 일본과 모두 육지로 연결되어 있었으니 마음만 먹는다면 일본까지 걸어서도 갈 수 있었을 거예요!

그러다 1만 년 전쯤부터 빙하의 힘이 약해지기 시작했어요. 얼음이 녹아서 바닷물이 높아졌고, 지구의 모습이며 기후가 현재와 같은 상태로 변하게 되었지요. 우리나라에는 사계절이 뚜렷해졌고 소나무 같은 침엽수 대신 잎이 넓은 활엽수가 자라게 되었어요. 바다와 강에는 물고기, 조개 등의 해산물이 풍부해졌지요. 커다란 털 짐승을 사냥하기 위해 돌아다니며 생활하던 사람들은 먹을거리를 구하기 쉬운 강가에 정착을 했어요. 한곳에 머무르다 보니 봄에 씨를 뿌려 가을에 걷어들이는 농사도 짓고, 보다 쓰기 편한 도구를 만들어 낼 여유도 생기게 되었지요. 이때부터 신석기 시대가 시작되었어요.

움집으로 초대합니다

움집
땅을 파서 바닥을 낮게 지은 신석기 시대의 반지하식 집.

팻말을 따라 움집들이 있는 곳에 도착했습니다. 어때요, 꽤 근사하지요? 아홉 채의 움집이 늘어선 맞은편을 보세요. 여러분을 초대하기 위해 문을 열어 둔 집이 한 채 있네요. 한번 들어가 보도록 해요.

남자 아이는 불을 피우고, 엄마는 갈판에 갈돌로 도토리를 갈고, 여자 아이로 보이는 꼬마는 뭔가를 먹고 있어요. 혼자 서 있는 아빠는 무얼 하고 있지요? 내일 나갈 사냥을 대비해 창을 손질하고 있는 것 같아요. 어깨에는 활을 매고 있어요. 자, 그밖에 또 뭐가 보이나요? 집 안을 찬찬히 둘러보아요.

엄마 옆쪽에 도토리를 담은 그릇이 보일 거예요. 신석기 시대를 대표하는 유물인 **빗살무늬 토기**랍니다. 빗살무늬 토기에 대한 자세한 설명은 전시관에 가서 할 테니 지금은 빗살무늬 토기가 어떻게 놓여 있는지 그 모습만 유심히 보아 두세요.

이제 천장 쪽으로 눈을 한번 돌려 볼까요?

빗살무늬 토기
신석기 시대에 주로 만들어 사용한 흙 그릇이에요. 암사 유적지에서는 주로 밑이 뾰족하게 생긴 빗살무늬 토기가 발견되었답니다.

선사 시대 사람들은 어디서 살았을까요?

구석기 시대
먹을 것을 찾아 자주 옮겨다니며 살았던 구석기인들은 주로 동굴이나 나무 위에서 살았습니다.

신석기 시대
바닷가나 강가에 우리가 지금 보고 있는 움집을 짓고 생활했어요.

움집 속 풍경
신석기 시대에 암사동에서 살았던 가족의
단란한 모습을 상상해서 그렸어요.
보통 이렇게 네 명에서 다섯 명이 한 가족을
이루고 살았을 것으로 추측한답니다.

사냥해서 잡은 토끼.
오늘의 저녁거리인가 봐요.

창을 손질하고 있는 것
같지요? 어깨에 맨 활도
중요한 사냥 도구였어요.

갈돌에 도토리를 갈고 있어요.
암사 유적지에서는
탄화된 도토리가 발견됐어요.
신석기인들이 도토리를 먹었다는
증거이지요.

집의 입구

화덕

빗살무늬 토기

불을 피우는 모습이에요.
불씨가 붙으면 화덕으로
옮겨 붙일 거예요.

청동기 시대

움집의 모양이 네모에 가까워지고 크기는 더 넓어졌습니다. 이제는 벽을 세울 줄도 알게 되었고 방 한구석에 'ㄱ'자 모양으로 구들을 만들고 아궁이에 불을 피워 구들장을 덥히는 쪽구들을 만들어 썼어요. 다른 마을의 침입에 대비해 마을 바깥쪽에 울타리를 세웠고 적을 살피는 망루도 만들었어요. 곡식을 보관하는 창고는 바람이 잘 들도록 바닥을 땅에서 띄워 지었어요.

무엇이 보이나요? 네, 그물이에요. 끝에 작은 돌멩이들이 달려 있고 그 옆에는 남은 물고기를 매달아 놓았어요. 훈훈함과 여유가 느껴지는 안락한 보금자리라는 생각이 들어요.

그물
그물추가 달려 있어요.

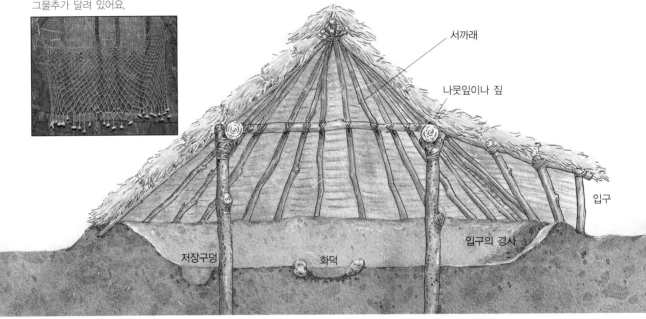

서까래

나뭇잎이나 짚

입구

입구의 경사

저장구덩

화덕

움집의 구조도

움집은 이렇게 지어요

4~5명의 신석기인 가족의 보금자리였던 움집은 대개 둥근 모양으로 지었답니다. 땅을 50~100센티미터쯤 파고 서까래로 뼈대를 세운 다음 그 위에 나뭇잎이나 짚을 덮었어요. 지금처럼 곧게 세운 벽은 없었을 거예요. 그럴 만한 건축 기술이 아직 발달하지 못했거든요. 지붕도 높게 올릴 줄 몰랐기 때문에 대신 땅을 파서 높게 만든 것이지요. 또 햇볕이 잘 들도록 남향으로 많이 지었고 바닥이 입구보다 낮았기 때문에 입구 쪽에는 계단을 놓거나 비스듬하게 경사를 만들었어요. 입구 옆에는 저장구덩이 있고, 집 한가운데에는 음식을 조리하고 집 안을 따뜻하게 해 주는 화덕을 놓았어요.

서까래
지붕의 뼈대를 세우는 데 쓰는 가늘고 긴 나무.

화덕
신석기 시대에 음식을 조리하거나 난방을 하는 데 사용했던 불을 피우는 자리.

추위 걱정은 이제 끝

나무와 풀만으로 지은 집이지만 겨울에도 많이 춥지 않았어요.
땅을 파서 지었기 때문에 바람과 추위를 피할 수 있었거든요.
하지만 무엇보다 매서운 추위를 이기게 해 준 도구는 화덕이에요.
전에는 불 피우기가 힘들었지만 신석기 시대에는 화덕에서
언제든지 불을 피울 수 있게 되어서 추위 걱정을 하지 않았답니다.

뿐만 아니라 불을 피우면 물고기를 굽거나 음식을 조리할 수도
있었고, 어두운 움집의 내부를 밝히고 사나운 짐승들의 침입을
막을 수도 있었지요. 지금도 그렇지만 당시에 불은 정말 소중한
것이었어요. 참, 그릇을 만들 때도 불이 필요해요. 흙으로 토기를
만든 다음 불에 구워야 단단해지거든요. 빗살무늬 토기도 불에
구워서 만든 것이랍니다. 신석기인들이 불을 피운 방법은
신석기체험실에서 알아보아요.

여기서
잠깐!

움집에 어울리지 않는 물건을 찾아보세요.

신석기 시대 사람들의 움집을 잘 살펴보았나요? 그럼 아래 네 가지
물건 가운데 신석기인의 집에 어울리지 않는 것을 골라 보세요.

(   )   (   )   (   )   (   )

➪ 정답은 56쪽에

19

상설전시실

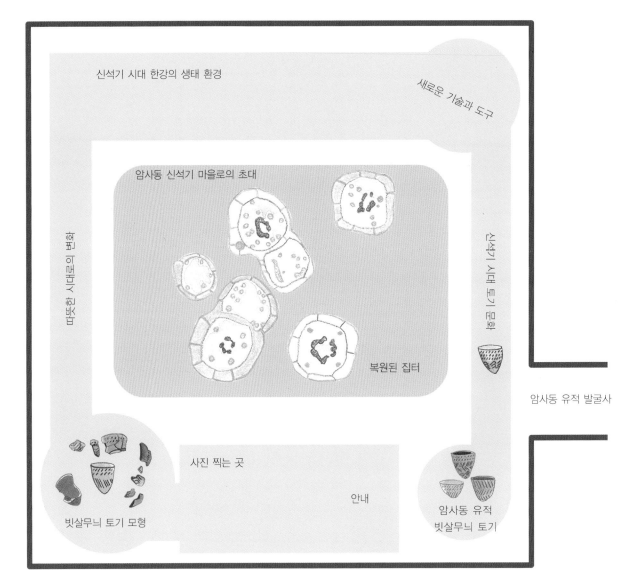

신석기 시대 한강의 생태 환경

새로운 기술과 도구

암사동 신석기 마을로의 초대

복원된 집터

따뜻한 신석기의 변화

신석기 시대 토기 문화

빗살무늬 토기 모형

사진 찍는 곳

안내

암사동 유적
빗살무늬 토기

암사동 유적 발굴사

입구

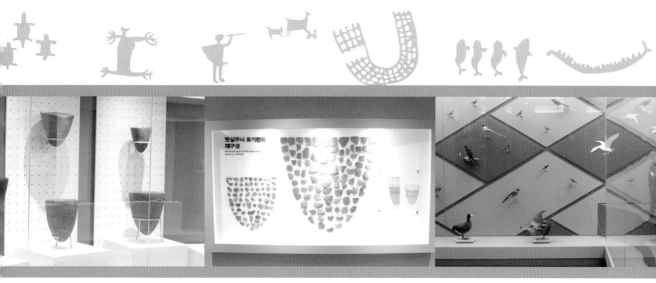

도토리가 나뒹구는 상수리나무 길을 지나 전시관 입구에 도착했어요.

예전에도 박물관을 견학한 경험이 있나요? 견학한 후의 느낌이 어땠나요?

특별한 감동이 없었다고요? 그렇다고 실망하지 마세요.

대부분의 학생들이 박물관을 견학하면서 흥미와 감동을 느끼지 못합니다.

하지만 오늘은 특별한 날이니까 뭔가 달라야 하겠지요. 이제 상설전시실

안에 있는 유물들이 살아서 말하도록 만드는 것은 여러분의 몫이에요.

유물을 그냥 지나치지 말고 하나하나씩 자세히 보면서

'무엇일까?', '왜 이렇게 생겼을까?', '무엇을 하기 위해 만들었을까?' 라는

질문을 계속 던져 보세요. 상상력을 마음껏 발휘해 보는 거예요!

그냥 지나쳤을 때에는 느끼지 못했던 특별한 감동이 있을 거예요.

자, 그럼 신석기 시대 유물이 살아 있는 전시실 안으로 입장!

집터가 계단식이에요

상설전시실 내부를 꽉 채우고 있는 집터들은 암사동의 신석기 시대 사람들이 실제로 집을 짓고 살았던 곳이에요. 발굴이 끝난 다음 다시 덮어 버리지 않고 원래 모습 그대로를 보존해 둔 것이지요. 덕분에 우리가 이렇게 수천 년 전 집터의 모습을 생생하게 구경할 수 있어요.

보존된 것으로는 집터가 여덟 자리, 저장구덩이 한 곳이에요. 자세히 들여다보면 기둥을 세웠던 자리, 토기를 꽂아 두었던 자리, 화덕 자리, 불에 그을린 흔적 등이 있어요. 밖에서 보았던 체험움집의 지붕을 들어내고 나면 바닥 부분이 바로 이렇게 생겼답니다.

그런데 구경을 하다 보니 뭔가 이상해요.

계단식 집터

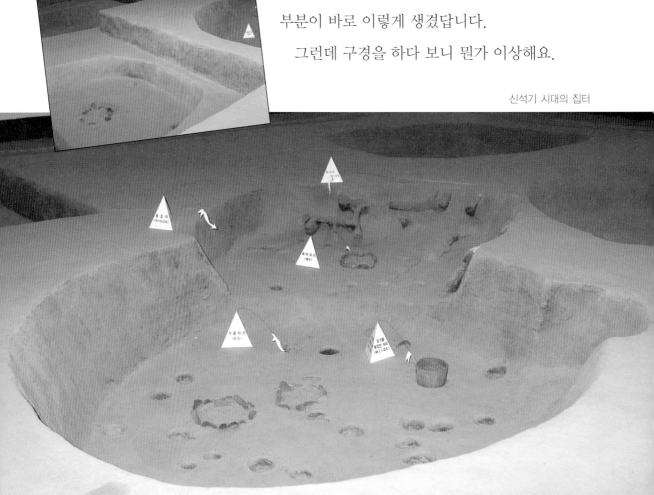

신석기 시대의 집터

집터가 계단처럼 층이 있거나 서로 겹쳐져
있어요. 게다가 화덕 자리가 2~3개 있는
곳도 있네요! 그 이유는 바로 한 자리에서
사람들이 살고 또 살았기 때문이랍니다.
맨 처음 사람들이 살았던 집터 위로 한강
물이 넘치면서 물에 쓸려 온 흙이 덮이고,
그 위에 사람들이 다시 집을 짓고 살고,
또 흙이 덮이기를 여러 번 반복한
것이지요.

　오랜 세월 동안 여러 시대의 사람들이
계속해서 이 자리에 살았던 것을 보면 암사동은 살기에 꽤 좋은
곳이었나 봐요.

문화층

암사 유적지에서는 모두 여섯 개
의 퇴적층이 발견됐어요. 퇴적층
중에서 유물이 포함된 퇴적층을
문화층이라고 부르는데, 암사 유
적지의 문화층은 제일 깊은 곳에
서부터 신석기 시대층－삼국 시
대 백제층－현대 경작층의 순서로
이루어져 있어요. 현재의 암사
동 주민들 외에 신석기 시대와
삼국 시대에도 이곳 암사동에
사람이 살았음을 알 수 있지
요.

퇴적층
비, 바람, 물에 흙이
나 짐승의 뼈 등이
쓸려 와 쌓인 곳을
말해요.

여기서
잠깐!

신석기인들이 남겨 놓은 흔적을 찾아 보세요.

아래 사진에서 신석기인들이 기둥을 세웠던 자리, 토기를 놓았던 자리,
그리고 화덕을 설치했던 자리를 찾아 보세요.

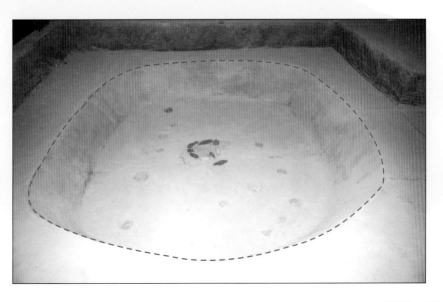

정답은 56쪽에

신석기인들의 바쁜 오후 풍경

아래 그림은 암사동에 살았던 신석기 시대 사람들의 오후를
상상해서 그린 것이에요. 시원스럽게 흐르는 강 옆에 움집이 여러
채 세워져 있고 그 주변에서 사람들이 바쁘게 움직이고 있어요.
불 주위에 모인 사람들, 밭을 가는 사람들, 토기를 굽는 사람들,
물고기를 잡는 사람들……
그밖에 또 무엇이 보이는지 친구들과 이야기해 보세요.

빗살무늬가 들쭉날쭉

상설전시실 맞은편 벽에 그려져 있는 그림을 보세요. 암사동에 살았던 사람들의 생활 모습이에요. 벽면 가득한 그림을 통해서 당시의 생활 모습은 물론이고 발굴된 유물들이 어떻게 사용되었는지 알 수 있어요.

그림 왼편에 사람들이 집 밖에 불을 피워 놓고 음식을 만드는 모습이 보여요. 불 위에 얹은 토기에서는 무언가가 익고 있네요.

화덕에 불을 피우고 빗살무늬 토기에 먹을 것을 만드는 모습이에요.

군침이 돌지요? 이제 빗살무늬 토기 이야기를 해 보도록 해요.

빗살무늬 토기는 암사 유적지의 대표적인 유물이랍니다. 토기가

선사 시대 사람들은 어떤 그릇을 사용했을까요?

구석기 시대
구석기 시대에는 따로 그릇이 없었어요. 나뭇잎이나 돌에 담아 먹지 않았을까 추측한답니다.

신석기 시대
이때부터 토기를 만들어 썼어요. 우리나라 신석기 시대의 대표적인 토기는 빗살 모양 무늬가 새겨진 빗살무늬 토기입니다.

흙 그릇이라는 건 다들 잘 알고 있을 거예요. 빗살무늬 토기는 밑부분을 뾰족하게 만든 흙 그릇이에요. 몸통에 빗금이나 생선뼈 모양 같은 기하학 무늬가 있어 이런 이름을 갖게 되었어요. 음식을 저장하거나 조리할 때 주로 사용되었답니다.

 그런데 잠깐, 빗살무늬 토기를 보는 순간 궁금증이 하나 생겼을 거예요. 바닥이 뾰족한 이 그릇을 과연 어떻게 세워서 썼을까요? 생각해 보세요. 맞아요. 가장 안전한 방법은 땅을 파서 구덩이를 만들고 그 안에 세우는 거예요. 계단식 집터에서 본 여러 개의 구멍 중 몇 개는 바로 이렇게 토기를 세우기 위해 팠던 것이지요. 신석기 시대에는 주로 모래가 많은 강가나 바닷가에서 살았기 때문에 땅을 파기가 쉬웠답니다.

돌도끼

나무를 베거나 땅을 파는 데 이용했어요.

돌칼

곡식을 벨 때 사용했던 칼 모양의 석기예요.

여기서 **잠깐!**

빗살무늬 그리기
아래 사진의 빗살무늬 토기를 보고 무늬를 따라 그려 보세요.

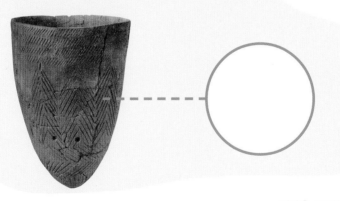

돌끌

끌은 나무나 돌에 구멍을 뚫거나 이런 재료를 깎을 때 쓰는 도구예요.

정답은 56쪽에

청동기 시대
예전보다 여러 모양의 그릇이 사용됐어요. 수증기를 이용해 음식을 찌는 시루, 남는 곡식을 담아두는 저장용 토기, 식구들이 음식을 따로 담아 먹는 대접 등이 있었고 심지어 뼈로 숟가락, 칼 등을 만들어 쓰기도 했습니다.

우리나라의 신석기 시대 토기

생김새가 다양한 남부 지역의 토기들

신석기 시대 하면 뭐니뭐니 해도 빗살무늬 토기가 떠오르지요. 대부분의 신석기 시대 유적에서 발견되고 있거든요.

암사동에는 주로 밑 부분이 뾰족한 것이 전시돼 있어요. 하지만 사실 빗살무늬 토기는 생김새와 무늬가 아주 다양하답니다. 모양이 비슷한 것들끼리 묶어 보면 동북 지역, 서북 지역, 중서부 지역, 남부 지역으로 나눌 수가 있어요.

우선 토기 모양이 어떻게 다른지 오른쪽 지도에서 확인해 봐요. 동북과 서북, 두 북쪽 지역의 토기들은 바닥이 평평한 반면에 중서부 지역과 남부 지역의 토기들은 바닥이 둥글어요. 바닥이 평평한 것을 '납작밑 토기', 둥근 것을 '둥근밑 토기'라고 부르지요. 암사동에서 발견된 빗살무늬 토기들은 뾰족한 둥근밑 토기에 속해요. 앗, 그런데 지도 가운데의 경계선에 있는 토기들은 납작한 것도 있고 둥근 것도 있다고요? 맞아요. 잘 기억해 두고 계속 살펴봐요. 서북 지역의 토기들은 주둥이 부분에 목이 올라와 있고 토기 밑에 다리가 달린 것도 있군요. 남부 지역의 토기들은 중서부 지역에 비해 무늬가 다양하고 바닥도 덜 뾰족해요.

이처럼 지역에 따라 토기가 다르게 생긴 까닭은 무엇일까요? 그 이유는 토기를 만든 사람들의 문화가 서로 달랐기 때문이랍니다. 한국의 문화가 미국이나 일본과 다르듯이 말이에요.

바닥이 평평한 동북 지역의 토기들

앞에서 선사 시대에는 문자가 없었기 때문에 그때의 생활 모습을 알려면 유물을 분석해야 한다고 했어요. 토기는 신석기 시대를 대표하는 유물이므로 그 생김새와 무늬를 통해 누가 만들었는지, 만든 사람들의 생활 모습이 어떻게 달랐는지 추측해 볼 수가 있는 것이지요. 중국이나 일본 등 주변 나라의 토기와 비교해 보면 더욱 많은 정보를 알 수가 있을 거예요.

앞에서 잘 기억해 두자고 했던 경계선 주변의 토기들의 경우, 양쪽 지역에 살았던 사람들이 서로 오고 가며 교류를 했기 때문에 토기의 생김새가 섞여서 나타나는 것이에요.

신석기 시대의 빗살무늬 토기들

서북 지역

동북 지역

중서부 지역

경계선

남부 지역

또 한 가지, 우리나라 신석기 시대에 빗살무늬 토기만 만들었던 것은 아니에요. 북쪽으로는 강원도의 양양과 고성, 서쪽으로는 전라남도의 흑산도, 내륙 쪽으로는 충청북도 단양에 이르는 지역에서 덧무늬 토기도 출토되고 있거든요. 덧무늬 토기란 토기 겉면의 흙을 돋우거나 진흙 띠를 붙여서 무늬를 낸 토기를 말해요. 빗살무늬 토기보다 오히려 먼저 만들어졌답니다.

식량 찾아 떠도는 생활은 끝!

신석기 시대에는 커다란 변화가 있었습니다. 신석기인들의 생활을 획기적으로 변화시킨 이 사건은 바로 **농경**과 **목축**을 시작했다는 거예요. 먹고 버린 식물의 씨앗에서 싹이 트고, 이것이 자라 다시 곡식이 열리는 것을 보고서 '심어서 가꾸다'라는 의미를 알게 되었지요.

이때부터 사람들은 계획을 세워 봄에 씨앗을 심고 가을에 수확을 하게 되었답니다. 기후가 변해 날씨가 따뜻해졌고, 땅의 영양분이 풍부한 강가에서 살았기 때문에 주변 환경 또한 농사를 짓기에 아주 좋았어요.

농경
논밭을 갈아 농사를 짓는 일을 말해요.

목축
소, 말, 양 같은 짐승을 기르는 일이에요.

돌보습을 사용해서 밭을 가는 모습이에요.

선사 시대 사람들은 무엇을 먹고 살았을까요?

구석기 시대
손과 뗀석기로 구할 수 있는 것은 모두 먹었을 거예요. 땅에서는 뿌리를 캐거나 나물을 뜯고 나무에서는 열매를 땄겠지요. 물에서는 손으로 물고기나 가재를 잡고 조개를 주웠을 테고요. 운이 좋으면 큰뿔사슴처럼 큰 짐승을 잡아서 포식했을지도 몰라요!

신석기 시대
토끼나 산양 같은 작고 빠른 짐승을 화살로 잡았어요. 불어난 물 속에는 붕어, 미꾸라지, 조개, 굴, 소라가 가득했고 바다에 나가서 대구, 고래, 상어도 잡았어요. 이때부터 피나 조 등의 곡식을 가꾸고 가축을 기르기 시작했답니다.

게다가 농사를 지으면 산과 들에 널려 있는 열매나 뿌리를 모으는 것보다 훨씬 많은 먹을거리가 생겼기 때문에 식량을 찾아서 여기저기로 옮겨다닐 필요도 없게 되었어요. 오히려 먹고 남는 것이 있어서 이를 담아 둘 토기가 필요해졌지요.

당시에는 주로 나무나 풀을 태워 없애고 그 땅을 일구어서 농사를 지었어요. 지금의 화전인 셈이지요. 그런데 미처 거름이나 비료를 줄 생각을 못 했던 탓에 몇 해만 농사를 지어도 땅의 양분이 없어져서 수확이 급격하게 줄어들었어요. 따라서 한곳에서 오래 농사를 짓지 못하고 주변의 땅을 다시 일궈야 했어요. 그러니 가을에 들판 전체가 황금색으로 물결치는 광경은 아마 볼 수 없었을 거예요. 이때 재배한 곡식으로는 조, 피, 기장 등이 있어요.

반달 돌칼

'반월형 석도'라고도 불러요. 청동기 시대의 반달 돌칼과 서로 비교해 보세요.

돌낫

곡식을 벨 때 사용했던 도구입니다.

갈돌과 갈판

도토리 등의 곡물을 갈때 사용했어요. 현대의 강판이나 분쇄기 같은 용도이지요.

탄화된 도토리

당시 사람들이 도토리를 먹었음을 알려 주어요.

여기서 잠깐!

구멍의 용도를 알아맞혀 보세요.

오른쪽 사진은 청동기 시대에 널리 사용된 반달 돌칼이에요. 암사동에서도 반달 돌칼이 발견 되었어요. ('암사동 유물이에요' 참고) 서로 어떻게 다른가요? 청동기 시대의 반달 돌칼에는 구멍이 뚫려 있지요? 과연 이 구멍의 용도는 무엇일까요?

정답은 56쪽에

청동기 시대

청동기 시대에는 음식 문화가 더욱 발전했어요. 곡식을 중심으로 한 밥에 육류와 생선, 해파리, 조개, 채소 등 다양한 반찬을 곁들여서 먹었고 소금으로 맛을 내기 시작했지요. 우리나라 최초의 국가인 고조선에서는 콩을 발효시켜 간장과 된장을 만들었다는 기록도 있어요. 무엇보다 벼농사를 짓기 시작해 쌀밥을 먹을 수 있게 되었답니다.

벼농사는 신석기 끝 무렵이나 청동기 시대에 이르러서야 시작되었지요.

짐승의 고기를 얻는 방법에도 변화가 있었답니다. 이전에는 무기를 들고 숲이나 들로

신석기 시대부터 가축을 기르기 시작했어요.

나가서 사냥을 해야 했어요. 때때로 목숨을 걸어야 했을 뿐 아니라 그러고도 사냥에 실패해 빈손으로 집에 돌아오기 일쑤였어요.

신석기 시대에 들어 사람들은 이렇게 위험하고 실패하기 쉬운 사냥을 하는 것보다 산 채로 잡은 동물을 집에서 기르는 편이 훨씬 이익이라는 사실을 깨닫게 된답니다. 사냥을 하다가 다칠 염려도 없고, 필요할 때면 언제든지 고기를 얻을 수 있을뿐더러 새끼를 낳기까지 하니 일석삼조였던 셈이지요. 이때부터 개와 멧돼지 등이 사람과 함께 살게 되었어요.

이렇듯 신석기 시대에 살았던 사람들은 농사를 짓고 가축을 기르면서 예전보다 훨씬 안정된 생활을 할 수 있게 되었어요. 하지만 아직까지 농사짓는 기술이 발달하지는 않았기 때문에 여전히 사냥과 채집, 고기잡이를 해서 먹을거리를 얻었답니다.

도토리 나무가 많아요!

암사 유적지 곳곳에는 도토리 나무가 있어요. 신석기 시대 사람들은 바로 이 도토리를 주식으로 먹었답니다. 도토리의 떫은 맛을 없애기 위해서 물에 여러 번 우려내는 지혜를 발휘했지요. 떫은 맛이 없어지면 갈돌과 갈판으로 갈아서 가루로 만들었을 거예요. 그리고는 빗살무늬가 새겨진 토기에 넣고 맛있게 쪄서 먹었을 테지요!

위대한 발명, 돌화살촉!

여러분 중에 활을 쏘아 본 사람은 별로 없을 거예요.
하지만 신석기 시대를 살아 가려면 활쏘기 기술이 필수였답니다!
나와 내 가족이 먹을 맛있고 영양가 높은 고기를 구하기 위해서
말이에요. 화살을 처음 발명한 이들이 바로 신석기인이에요.
처음 돌화살촉으로 멧돼지를 잡은 신석기인은 아마 펄쩍펄쩍 뛰며
"야호! 좋았어!"라고 외쳤을 테지요.

활과 화살

상설전시실에 있어요.
실제 신석기인들이 사
용했던 것은 아니고
복원한 모조품이에요.

신석기 시대부터 활과 화살이 사냥에 사용됐어요.

돌화살촉

돌로 만든 것치고 꽤
날카로워 보이지요?
암사동의 사냥꾼들이
사용했던 돌화살촉이
에요.

빙하기가 끝나고 따뜻해지자 추운 곳에 사는 매머드나 쌍코뿔소
등은 점차 사라지고 울창한 숲 속을 누비며 뛰어다니는 작고 빠른
동물들이 생겨났어요. 여우, 토끼, 사슴, 노루 등이었지요. 이
짐승들을 잡아먹고 싶었던 신석기인의 고민을 해결해 준 것이 바로
돌화살촉이랍니다. 쏜살같이 달아나는 여우나 토끼를 쉽게 잡을 수
있게 된 것이에요. 돌화살촉 외에도 암사 유적지에서는
돌창과 사슴과 멧돼지의 뼈 등 많은 사냥의 흔적들이 나왔어요.

구석기 시대와 신석기 시대

구석기 시대의 도구

슴베찌르개   주먹찌르개   주먹도끼   밀개

우리가 둘러보고 있는 암사 유적지는 신석기 시대에 사람들이 살았던 곳이에요. 여기서는 신석기 시대와 그 이전 시기인 구석기 시대를 한번 비교해 볼 거예요. 구석기와 신석기는 한자의 뜻으로만 본다면 '옛 석기 시대'와 '새 석기 시대'이지요. 두 시대 사이에 어떤 차이점이 있길래 굳이 이렇게 구분을 하는 것일까요?

두 시대를 구분하는 가장 큰 특징은 도구를 만드는 방법이에요. 구석기 시대에는 돌을 던지거나 다른 돌로 쳐서 깨뜨리고 일부분을 떼어낸 뗀석기를 사용했답니다. 위 사진에 보이는 슴베찌르개와 주먹찌르개, 주먹도기, 밀개 등이 뗀석기에 해당해요. 만드는 방법이 단순하다 보니 아무래도 간석기에 비해서 거칠

구석기인의 뗀석기 만드는 법

눌러떼기   뿔망치떼기   직접떼기

간접떼기   모루망치떼기   모루떼기

신석기 시대의 도구

돌송곳 　　돌망치 　　　　돌도끼

고 둔탁했어요. 이후 신석기 시대에는 돌을 갈아서 만든 꽤 정교하고 날카로운 '간석기'를 사용했어요. 앞에서 나온 돌화살촉을

비롯해 위 사진에 보이는 도구들이 바로 간석기랍니다.

　두 시대의 또 다른 큰 차이점은 먹을거리를 얻은 방법이에요. 구석기 시대에는 주로 채집이나 사냥을 통해서 식량을 구했지만 신석기 시대에는 농경과 목축을 통해 안정적으로 식량을 생산해 내기 시작했어요. 특히 농사를 짓기 시작하면서 생활 방식이 많이 달라졌어요. 더이상 먹을거리를 찾아 돌아다닐 필요가 없어졌기 때문에 마을을 이루고 한곳에 오래 머물 수가 있었지요. 그러면서 집도 짓고, 토기도 만들고, 뗀석기보다 쓰기 편한 간석기도 만들어 냈어요. 무리를 이루고 함께 살아가는 사람들의 숫자도 더 많아졌고요.

　두 시대의 생활 모습이 어떻게 달랐는지 더 자세하게 알아보려면 이 책 곳곳에 소개된 '선사 시대 사람들은……?'를 찾아 보세요. 집의 모습은 16쪽에, 그릇은 26쪽에, 먹을거리는 30쪽에, 불의 사용은 40쪽에, 무덤의 모습은 42쪽에 나와 있어요. 더불어 청동기 시대에 관해서도 알아볼 수 있답니다.

신석기인의 간석기 만드는 법

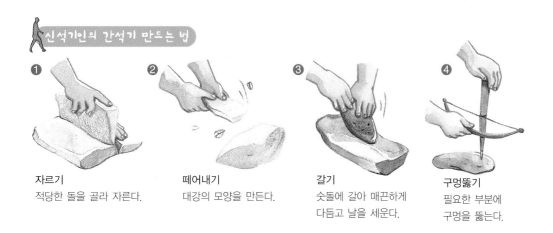

❶ 자르기
적당한 돌을 골라 자른다.

❷ 떼어내기
대강의 모양을 만든다.

❸ 갈기
숫돌에 갈아 매끈하게
다듬고 날을 세운다.

❹ 구멍뚫기
필요한 부분에
구멍을 뚫는다.

그때도 그물이 있었나 봐요

신석기인들이 그물로
물고기를 잡는
장면이에요.

신석기 시대부터 목축과 농경이 시작되었지만 사냥과 채집,
물고기 잡이가 끝난 것은 아니에요. 강가나 바닷가에 살았기
때문에 물고기 잡이는 오히려 더욱 활발해졌어요. 암사 유적지에
서 빗살무늬 토기 조각만큼이나 많이 발견된 것이
그물에 매다는 그물추랍니다.

상설전시실에 그물추가 전시돼 있으니 한번 보세요. 크기와
모양은 다르지만 모든 그물추에서 한 가지 공통점을 발견할 수
있을 거예요. 발견했으면 아래 그물추 사진에서 생략된 부분을
그려 보세요!

여기서
잠깐!

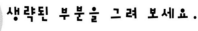

생략된 부분을 그려 보세요.

▷ 정답은 56쪽에

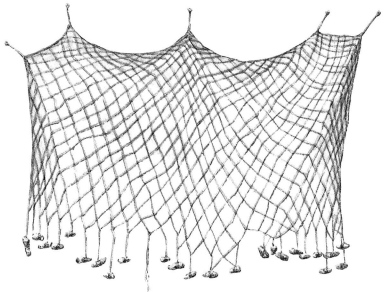

그물
신석기인들은 그물로 많은 물고기를 한꺼번에 잡았어요.

그물추

암사동 유적에서는 다
양한 크기의 그물추가
많이 출토되었어요.

낚시추바늘

뾰족한 짐승의 뼈를
날카롭게 갈아서 낚시
바늘을 만들었어요.

이음낚시바늘

낚시추와 바늘을 이어
붙여 만든 것을 이음
낚시바늘이라고 해요.

딩동댕, 잘 맞혔어요. 그물추 양끝에 홈이 패어 있지요.
암사동에서 발굴된 그물추뿐만 아니라 다른 신석기 시대 유적에서
발견된 그물추에도 이처럼 양끝에 홈이 패어 있답니다.

그렇다면 왜 홈을 만들었을까요? 매끈한 둥근 돌을 끈에 매달아
보세요. 돌이 금방 쏙 빠져 버릴 거예요. 신석기인들은 그물이
울퉁불퉁한 강바닥에 끌리거나
거센 물살에 흔들리더라도
그물추가 빠지지 않도록 돌에
홈을 만든 것이에요. 그물추는
이처럼 신석기인들의 지혜를
엿볼 수 있게 하는 유물 중
하나예요. 그밖에 신석기
시대 낚시꾼들의 발명품에는
뾰족한 동물의 뼈를 날카롭게
갈아 만든 낚시 바늘과 작살
등이 있답니다.

신석기 시대 나무배 발굴

최근 경남 창녕군 비봉리에서 신석기
인들이 탔던 배로 보이는 소나무배가
발굴되었답니다. 4미터나 되는 소나
무의 중심을 파서 카누 모양으로 만들
었는데, 이렇게 오래된 배가 발견된 것
은 세계적으로도 흔치 않은 일이라고
해요. 도구라고는 간석기밖에 없었던
신석기 시대에 어떻게 배를 만들 수
가 있었을까요? 신석기인들이 이용
한 비장의 도구는 바로 불입니다.
나무를 불로 태운 다음 날카로운
돌로 파내고 다듬은 흔적이 발견되
었어요. 신석기인들이 우리보다 머
리가 더 좋은 것 같지 않나요?

37

신석기체험실

교육실

체험실

멀티미디어 체험

어린이 도서관

출구

상설전시실에서 통로를 지나면 신석기체험실이 나와요. 밖에서 곧장
들어가는 출입구도 따로 있어요.
신석기체험실은 1988년 상설전시실이 문을 연 뒤로 10년이 지난 1998년에
지어졌어요. 원래 상설전시실이 제1전시실, 체험실이 제2전시실이었답니다.
신석기체험실 단독으로도 우리나라의 선사 시대, 특히 신석기 시대를 쉽게
이해할 수 있도록 다채로운 체험 코너가 마련되어 있어요. 어린이 도서관과
교육실도 이용할 수 있지요.
신석기체험실을 찬찬히 둘러보면서 우리나라의 선사 시대를 복습하고
정리해 보는 기회를 갖도록 하세요.

이젠 불까지 만들 수 있다

지금까지 암사 유적지를 둘러보면서 신석기인들이 불을 이용하는 장면을 여러 번 보았어요. 빗살무늬 토기를 구울 때, 음식을 익힐 때, 또 추위를 막을 때나 짐승의 공격을 물리칠 때도 불이 필요했지요.

신석기인들은 그토록 소중한 불을 어떻게 피웠을까요? 지금처럼 가스 밸브를 열고 스위치만 누르면 불꽃이 확 피어올랐을까요? 당시에 불은 그리 간단하게 얻을 수 있는 것이 아니었답니다. 신석기체험실에 여러분이 직접 불을 피워 볼 수 있도록 신석기 시대의 불 피우는 도구들을 재현해 놓았어요. 한번씩 해 보세요.

🔨 **마찰열**
물건을 서로 대고 문지를 때 생기는 열을 말해요.

손으로 비벼서
불을 피우는 도구

화덕에 불을 붙이기 위해 불을 피우는 모습이에요.

선사 시대 사람들은 불을 어떻게 이용했을까요?

구석기 시대
벼락이 쳐서 나무에 불이 붙은 광경을 본 사람들은 처음엔 두려워 했을 거예요. 하지만 우연히 불에 탄 짐승 고기를 먹어 보고 맛이 좋다는 것을 알게 되었겠지요. 불의 가치를 깨닫자 사람들은 자연적으로 생긴 불에서 불씨를 얻어 소중하게 보관했어요. 불을 사용하게 된 구석기인들은 음식을 익혀 먹고, 맹수의 공격을 물리칠 수 있었답니다.

가장 간단한 방법은 연한 나무판에 딱딱한 나무 막대기를 세우고 손으로 비비는 것으로, 손비빔이라고 불러요. 손비빔보다 조금 발전된 방법이 활비빔이에요. 활을 앞뒤로 당겼다가 밀기를 반복해 불을 피우지요. 여기서 조금 더 발전하면 힘을 훨씬 덜 들이고도 불을 피울 수가 있어요. 관성 바퀴라는 장치로 활을 한 번만 세게 돌리면 그 다음부터는 힘을 많이 주지 않아도 막대기가 저절로 돌아가거든요.

활을 비벼서 불을 피우는 도구

도구의 모습은 조금씩 다르지만 세 가지 방법 모두 기본 원리는 같아요. 바로 **마찰열**이에요. 오늘날에 비하면 번거롭기 짝이 없지만 신석기인들에게는 최첨단의 기술이었답니다.

그 전까지는 주로 자연에서 불씨를 얻었어요. 번개가 내리칠 때나 돌을 깨뜨릴 때 우연히 불씨를 얻으면 꺼지지 않도록 조심조심 지켰지요. 그러다 구석기 시대 후기부터 불 피우는 기술이 발전하기 시작해 신석기 시대에 이르러서는 누구나 이용할 수 있게 된 것이랍니다. 그 결과 멧돼지 구이, 도토리 구이도 원할 때면 언제든지 먹을 수 있게 되었지요.

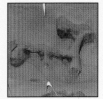

불에 그을린 서까래

불에 탄 서까래를 보니 신석기 시대에도 화재가 났나 봐요.

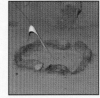

화덕 자리

바로 이 자리에서 신석기인이 멧돼지 고기를 구워 먹었을 거예요.

관성 바퀴

관성 바퀴를 이용해 불을 피우는 도구

신석기 시대
구석기 시대 후반부터 불 피우는 법을 터득한 사람들은 이제 자유롭게 불을 피우게 되었어요. 집을 지으면 중앙에 아예 화덕 자리를 마련해 놓고 항상 불을 이용했지요.

청동기 시대
화덕 자리는 점점 집의 한쪽 구석으로 옮겨졌고 조리 겸 난방 시설인 쪽구들로 바뀌어 갔어요. 쪽구들이 발전한 것이 온돌이랍니다.

무덤 속에서도 멋쟁이

신석기 시대의 무덤이 실제로 발굴된 사례는 드물어요. 암사동에서도 아직 발견된 적이 없답니다. 보통은 얕게 구덩이를 파고 그 안에 시신을 누인 다음 살아 있을 때 썼던 토기와 석기, 치레거리를 함께 묻었어요. 무덤 위에는 주변에 흔한 돌을 덮었을 거예요. 이렇게 돌을 쌓아 만든 무덤을 '돌무지무덤' 이라고 불러요.

신석기 시대에는 이처럼 시신을 돌로 덮어 매장하기도 하고, 죽은 사람을 한데 놓아두고 살이 모두 썩을 때까지 기다렸다가 뼈만 추려서 묻기도 했어요. 특이한 점은, 시신의 머리를 해가 뜨는 동쪽을 향하도록 해서 묻은 것이에요. 날마다 새롭게 떠오르는 해처럼 죽은 사람의 영혼도 새롭게 태어나길 바라는 마음에서

선사 시대에는 사람이 죽으면 어떻게 묻었을까요?

구석기 시대
충청북도 청원 두루봉 동굴에서 약 4만 년 전의 어린아이 유골이 발견되었어요. 유골 주변의 흙을 분석하니 놀랍게도 가슴 부분에서 많은 양의 꽃가루가 나왔답니다! 구석기 시대에 이미 죽은 사람을 아무렇게나 버려두지 않고 일정한 형식을 갖추어 장례를 지냈음을 알 수 있어요.

신석기 시대
신석기 시대 유적에서는 돌무지무덤이 발견돼요. 죽은 사람이 평소 아꼈던 물건을 함께 묻어 주었고, 시신의 머리를 해가 떠오르는 동쪽을 향하도록 한 것을 보아 영혼이 있다고 믿었던 것 같아요.

그랬던 것이겠지요.

옆의 무덤 모형을 보면 목걸이, 팔찌, 발찌 등 치레거리를 하고 있지요. 치레거리는 주로 동물의 뼈나 이빨, 바닷가나 강가에서 흔히 구할 수 있는 조개 껍데기가 재료예요.

치레거리는 몸치장 외에 지위나 용맹성을 나타내는 수단으로도 사용됐을 것으로 추측한답니다.

자신이 직접 잡은 맹수의 이빨로 만든 목걸이를 걸고 다닌다면 뽐낼만 하겠지요?

뼈목걸이

뼈를 깎아서 만든 목걸이예요. 동해안 지역에서 발견되었어요. 작은 구멍에 줄을 꿰면 완성!

조개팔찌

조개껍데기 가운데에 구멍을 크게 뚫으면 멋진 팔찌가 되었답니다.

가락바퀴

신석기 시대부터 사람들은 실을 자아서 옷을 지어 입었답니다. 우리 나라에서는 주로 삼의 줄기를 가늘게 잘라 가락 바퀴를 끼운 막대기로 실을 뽑아 냈어요. 긴 실을 만든 다음 씨실과 날실을 엮어서 옷감을 만들어 옷을 해 입었지요. 가락바퀴는 대개 토기처럼 흙을 구워 만들기도 하고 돌을 깎아서 만들기도 했습니다.

가락바퀴가 돌면서 삼 줄기가 꼬여 실이 만들어진답니다.

돌널무덤

고인돌 무덤

독무덤

청동기 시대와 초기 철기 시대
우리가 잘 아는 고인돌 무덤을 비롯해서 돌무지 무덤, 독무덤, 돌널무덤이 대표적이에요. 돌무지 무덤은 돌을 쌓아서 만든 것이고, 독무덤은 시신을 넣은 커다란 항아리를 묻고 그 위에 돌을 얹은 것, 돌널무덤은 땅을 파고 사방을 넓적한 돌로 두른 후 돌로 뚜껑을 덮은 것을 말합니다.

평등한 씨족 공동체 사회

신석기 시대 사람들은 마을에 무슨 일이 생기면 함께 모여서 해결책을 의논했어요. **정치적 지배자**가 등장하기 전인, 평등한 사회였기 때문에 마을에서 나이와 경험이 가장 많은 어른이 중심이 되어 모두가 함께 일을 처리했지요. 사냥이나 농사, 장례, 축제 등 대부분의 일들이 공동으로 이루어졌답니다.

또 오랫동안 한곳에서 살다 보니 마을 사람들끼리 같은 조상을 둔 경우가 많았어요. 이렇게 구성원의 관계가 핏줄로 맺어진 신석기 시대의 마을을 '씨족 공동체'라고 불러요.

정치적 지배자
권력을 가지고 다른 사람들을 다스리는 사람을 가리켜요. 군장이나 왕이 그 예이지요.

마을 회의
신석기 시대 마을 사람들이 한데 둘러앉아 마을 일을 의논하는 모습이에요.

신석기 시대의 암사동

지금까지 유물과 집터 등의 흔적으로만 볼 수 있었던 신석기인들의 생활 모습을 직접 살펴볼까요? 그때 사람들이 어떤 생활을 했는지 재미있게 표현해 놓았답니다.

농경 생활

산과 들을 배경으로 아담한 움집들이 들어서 있고 오른편에서는 작은 밭을 가꾸고 있어요. 피를 재배하고 있는 것 같아요. 피는 나쁜 조건에서도 잘 자라기 때문에 농사 기술이 그다지 좋지 않았던 신석기인들도 쉽게 기를 수 있었을 거예요. 움집 곁에서 갈고 있는 것은 피일까요, 도토리일까요? 이렇게 가루를 낸 곡물은 찌거나 끓여서 죽처럼 만들어 먹었어요.

채집 생활

나무에 밤이 탐스럽게 열렸어요. 긴 작대기를 이용하면 쉽게 딸 수 있겠지요? 허리를 구부려 열심히 캐고 있는 것은 아마 칡이나 감자일 거예요. 한 바구니 푸짐하게 담아 저장구덩으로! 울타리 속에는 멧돼지가 갇혀 있네요. 이 멧돼지가 새끼를 낳아 두 마리, 네 마리 마리로 불어나는 건 시간 문제랍니다!

수렵 생활

추운 겨울에는 농사가 중단되고 채집할 거리도 얼마 없어요. 얼어붙은 강을 깨고 물고기를 잡을 수 있지만 손발이 너무 시릴 거예요. 그렇다고 놀 수는 없으니 노루 사냥을 나가 볼까요? 저기 노루가 보여요! 창을 던져! 이런, 도망가 버렸어요. 창과 활을 이용한 사냥엔 실패했지만 함정에 토끼가 걸려 들었으니 빈손으로 돌아갈 걱정은 안 해도 된답니다.

어로 생활

오늘은 마을 사람들이 함께 물고기를 잡는 날인가 봐요. 강 한가운데에서는 그물과 작살로 물고기를 잡고, 강가에서는 손으로 조개나 소라, 우렁이, 가재를 주울 수 있어요. 물에서 열심히 고기를 잡다 보면 금세 배가 출출해지겠지요? 방금 잡은 싱싱한 물고기를 즉석에서 구워 먹는 맛은 먹어 본 사람이 아니면 모른답니다. 그렇다고 다 먹어 버리면 안 돼요!

구석기 시대

70만 년	50만 년	20만 년
• 한반도에 사람이 살기 시작하다	• 평안남도 상원 검은모루 동굴	• 충청북도 청원 두루봉 동굴
• 구석기 시대가 시작되다 충청북도 단양 금굴		

신석기 시대

8000년	6000년	5000년	4000년
• 한반도에 신석기 문화가 시작되다	• 부산 동삼동	• 서울 암사동	• 함경북도 웅기 굴포리 서포항
• 제주도 고산리			• 경기도 광주 미사리

청동기 시대

800년	700년	450년
• 중국 역사서에 등장하다	• 단군조선이 수도를 왕검성에 두다	• 부여가 세워지다

초기 철기 시대

194년	108년	69년
• 위만이 단군조선의 준왕을 몰아내고 왕이 되다	• 왕검성이 함락되고 위만조선이 멸망하다	• 신라를 세운 박혁거세가 태어나다

선

사

시

대

연

표

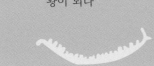

지명은 유적을 나타낸 것이에요.

10만 년

- 함경북도 웅기
  굴포리 서포항

1만 년

- 함경북도 동관진

- 한반도의 기후와
  자연환경이
  오늘날의 모습을
  갖추다

연도는 기원전이에요.

3000년

- 전라북도 부안
  계화도

- 평양 금탄리

2333년

- 단군이 조선을
  건국하다

1500년

- 쌀 재배가
  시작되다

1000년

- 청동기 문화가
  시작되다

400년

- 김해 내동리 고인돌 유적

300년

- 한반도에 철기
  문화가 들어오다

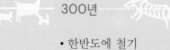

59년

- 북부여가 건국되다

58년

- 동부여에서 고구려의
  시조인 주몽이 태어나다

암사 유적지를 잘 둘러보았나요? 전시실과 체험실에서 본 것, 그리고 책에서 읽은 내용을
바탕으로 머리에 쏙쏙 들어오는 문제들을 풀어 보세요.

① 유물과 유적을 발달 순서에 따라 연결해 보세요.

힌트: 색깔별로 묶어서 생각하세요.

고인돌

화덕

돌무지무덤

납작한 돌을
흙으로 덮은
위에 시신을
안치하고 꽃
가루를 뿌림

자연에서 얻은 불

조개, 곡식, 도미, 대구,

움집

나뭇잎, 돌

동굴

시루,
대접,
뼈숟가락

빗살무늬
토기,
덧무늬 토기

쪽구들

발달된 움집,
망루, 창고

칡, 도라지, 더덕, 쑥, 냉이,
대추, 밤, 물고기, 가재,
큰뿔사슴, 털코끼리

곡식을 중심으로 육류,
생선, 해산물, 나물
소금, 간장, 된장, 쌀

❷ 신석기 시대 어린이의 일기

신석기 시대에 살았던 어린이들도 일기를 썼을까요? 유물이 발견되기 전까지는 아무도 모르는 일이지요. 하지만 상상해 볼 수는 있어요. 아마도 아래와 비슷한 내용이었을 거예요. 앗, 그런데 다른 시대의 어린이들이 쓴 일기가 섞여 있어요. 한번 찾아 볼까요?

1. 봄, 암사동 어린이의 일기

누나, 엄마와 함께 숲에 가서 도라지와 냉이를 캤다. 도라지 많은 곳을 찾아 들어가다 보니 너무 깊이 들어가서 미사리 마을 근처까지 가게 됐다. 엄마가 미사리 사람들한테 들키기 전에 얼른 돌아가자고 하셨다. 우리 마을 쪽에는 올해 채소며 먹을 수 있는 뿌리가 많이 나지 않았다. 미사리 쪽에는 많이 있는데 정말 아쉽다.

2. 여름, 부산 동삼동 어린이의 일기

마을 사람들이 다 함께 바다로 고기를 잡으러 나가는 배를 배웅했다. 아버지와 외삼촌도 배에 타셨는데 큰 파도를 만나지 않고 무사히 돌아왔으면 좋겠다.

3. 가을, 두루봉 동굴 어린이의 일기

정말 슬픈 하루였다. 하이에나한테 물린 옆집 곰순이가 끝내 숨을 거두고 말았다. 내일은 언니와 함께 곰순이의 영혼을 달랠 국화꽃을 따러 갈 것이다.

4. 여름, 김해 회현리 어린이의 일기

종일 벼 수확하는 것을 돕느라고 힘들었지만 올해엔 농사가 잘되어서 기분은 좋다. 아빠는 이번에 장만한 쇠낫 덕분에 수확을 빨리 할 수가 있었다며 만족해 하셨다. 내일은 옆집 형이랑 같이 대장간에 구경을 가기로 했다. 형의 아버지는 대장장이시다. 나도 커서 훌륭한 대장장이가 되고 싶다.

5. 겨울, 제주도 고산리 어린이의 일기

그릇을 만드는 데 쓸 흙을 구하러 다녔습니다. 며칠 후에 어른들이 그릇을 구울 거라고 하셨기 때문입니다. 이번엔 누가 어떤 멋진 무늬를 만들어 뽐낼지 기대됩니다. 지난 번엔 우리 엄마가 그릇 주둥이에 멋진 테두리를 둘러서 사람들에게 칭찬을 많이 받았습니다.

정답은 56쪽에

❸ 움집에 관해 잘 배웠는지 확인해 보세요.

움집에 관한 설명이에요. 빈칸에 알맞은 말을 **보기**에서 골라 채워 보세요.

보기

둥근, 세모, 북향, 도리, 남동향, 짚, 흙, 화덕
남향, 지붕널, 보일러, 서까래, 지붕 물매

4-5명의 신석기인 가족의 보금자리였던 움집은 대개 (　　　) 모양으로 지었답니다.
땅을 50~100센티미터쯤 파고 (　　　)로 뼈대를 세운 다음 그 위에 나뭇잎이나
(　　　)을 덮었어요. 지금처럼 곧게 세운 벽은 없었을 거예요. 그럴 만한 건축
기술이 아직 발달하지 못했거든요. 지붕도 높게 올릴 줄 몰랐기 때문에 대신 땅을
파서 높게 만든 것이지요. 또 햇볕이 잘 들도록 (　　　)으로 많이 지었고 바닥이
입구보다 낮았기 때문에 입구 쪽에는 계단을 놓거나 비스듬하게 경사를 만들었어요.
입구 옆에는 저장구덩이가 있고, 집 한가운데에는 음식을 조리하고 집 안을 따뜻하게
해 주는 (　　　)을 놓았어요.

❹ 다음 도구들 중에 암사동 신석기인들이 썼던 것을 골라 보세요.

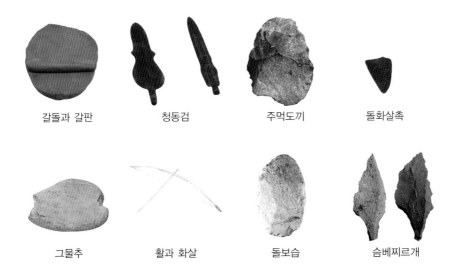

갈돌과 갈판　　　청동검　　　주먹도끼　　　돌화살촉

그물추　　　활과 화살　　　돌보습　　　슴베찌르개

⑤ 십자말풀이를 해 보세요.

1								8	
					2	6			
3				5					
							4		
		5	3						
	2					7		9	
6				7					

〈가로 열쇠〉

1. 신석기 시대에 발명된 사냥 도구로, 화살 끝에 이것을 끼워 작은 짐승을 잡았음.

2. 유적 발굴시 집터 위에 또 집터가 발견되곤 하는데, 이것을 ㅇㅇㅇ ㅇㅇ라고 부름.

3. 신석기 시대는 군장이라고도 부르는 '정치적 ㅇㅇㅇ'가 나타나기 전인 평등한 사회였음.

4. 옛 선조들이 남겨 놓은 형체가 있는 물건 중 크기가 작고 옮길 수 있는 것.

5. 유물이 포함된 퇴적층을 이르는 말. 암사 유적지 ㅇㅇㅇ은 제일 깊은 곳에서부터
    신석기 시대층 – 삼국 시대 백제층 – 현대 경작층의 순서로 형성되어 있음.

6. 인류의 발달 과정을 도구 제작 기술로 구분할 때 가장 이른 시기. ↔ 신석기 시대

7. 신석기 시대에 한반도에서 널리 사용된 토기. 무늬 새기개를 이용해 일정한 무늬를 그렸음.

〈세로 열쇠〉

1. 신석기 시대의 매장 방식으로, 돌을 쌓아 만든 무덤.

2. 돌을 갈아 만든 석기로, 신석기 시대와 청동기 시대에 주로 사용되었음.

3. 신석기 시대에 음식을 조리하거나 난방을 하는 데 이용했던 불 피우는 자리.

4. 옛 사람들이 남겨 놓은 자취. 특히 무덤이나 집터처럼 크기가 크고 옮길 수없는 것.

5. 암석 조각이나 생물의 유골이 물이나 빙하, 바람에 운반되어 쌓여 생긴 땅의 층.

6. 우리 민족의 시조로, 고조선의 첫 임금.

7. 경남 창녕군 비봉리에서 8000천 년 전의 ㅇㅇㅇ가 발견됨. 물에서의 이동 수단.

8. 신석기 시대에 땅을 파서 집의 바닥을 지면보다 낮게 하고 풀이나 짚으로 지붕을 덮은 집.

9. 신석기 시대 주요 먹을거리 중 하나로, 참나무 과의 열매를 통틀어 일컫는 말.
    암사 유적지에서도 탄화된 이것이 많이 발견됨.

↳ 정답은 56쪽에

체험학습 신문 만들기!

보고서에는 여러 가지 양식이 있어요. 서론-본론-결론으로 형식을 갖춘 보고서를 많이 쓰지만 군이 그럴 필요가 없을 때는 다양하게 응용을 해도 된답니다. 암사 유적지의 경우, 신석기 시대 마을의 모습을 그림으로 그려 보거나 신석기 시대 어린이가 되어 일기를 써 보는 것도 좋겠지요. 이번에는 함께 '암사소식'을 만들어 봐요.

암사소식

암사동 ● 맑음 / 생선 말리기 좋은 날씨
제12345567호

암사신문사 발행

지난밤 화재로 움집 세 채 불타

원인은 부주의한 화덕 관리로 추정

오늘 새벽 발생한 큰 불로 움집 세 채가 타고 일가족 네 명 등 십여 명이 부상을 당하는 막대한 피해를 입었다. 화재가 시작된 곳은 상수리나무 아랫집으로, 북서풍을 타고 순식간에 이웃 움집으로 번졌고 갑작스러운 소동에 잠이 깬 부족민들이 힘을 합쳐 아침까지 진화 작업을 펼친 끝에야 겨우 불길을

잡을 수 있었다. 이번 불의 발화지인 상수리나무 아랫집 가족 모두가 화상을 입는 등 크게 다쳐 정확한 화재 원인은 알 수 없으나 마을 어른들은 어제 새벽 갑작스러운 추위에 깬 가족 중 누군가가 화덕 불을 지피다 불을 낸 것으로 짐작하고 있다. 지난해 이맘때에도 두 차례나 화재가 발생해 움집 두 채와 일가족이 여름내 채집하고 농사지은 식량을 태우는 등 피해가 컸다.

2면에 이어짐

김진석 기자

멧돼지 탈출하다

멧돼지 사육장에서 수컷 멧돼지 한 마리가 우리를 부수고 탈출했다. 사육장 관리 책임자였던 바위의 말에 따르면, 평소 성질이 급하고 행동이 과격했던 이 멧돼지가 어제 저녁 수차례 우리를 머리로 들이받자 급기야 나무 기둥이 부서지고 말았다고. 관리자들이 급히 다른 멧돼지들을 우리 안쪽으로 몰아넣어 더 이상의 피해는 없었다.

물고기 줄게, 조개팔찌 다오

치레거리 수출 늘어

암사동 부족민들의 손재주가 저장 구덩을 풍성하게 채우고 있다. 최근 미사리와 오이도, 멀리는 오산리에서까지 암사동에서 제작한 최신식 치레거리를 사겠다는 주문이 밀려들고 있다. 암사동축제준비위원회가 지난 가을걷이 축제 때 초대되었던 미사리 부족 대표들에게 기념품으로 증정했던 뼈목걸이와 조개팔찌를 본 미사리 부족민들이 앞다투어 암사동의 치레거리를 주문하고 나섰고, 정교하고 아름다운 암

사동 치레거리에 대한 소문이 삽시간에 퍼져나간 것. 조개팔찌 한 개는 말린 물고기 두 마리, 큰 뼈목걸이 한 개는 새끼 멧돼지 한 마리와 교환되는 등 치레거리의 부가가치는 대단한 것으로 나타났다. 관련 부족민들은 앞으로도 꾸준한 치레거리 수출 증대를 위해 전 부족 차원의 면밀한 사업 계획이 세워져야 한다고 입을 모은다.

윤인숙 기자

우리는 모두 한 핏줄

지난 정기 사냥에서 곰의 공격을 받고 사망한 도토리와 개구리 부부의 세 자녀를 촌장댁에 입양하기로 했다는 훈훈한 소식이다. 촌장 부부는 지난 해 아들이 미사리 부족으로 출가한 상태. 입양 결심을 하게 된 동기를 묻는 본지 기자에게 촌장은 "어차피 우리는 모두 한 핏줄이 아니냐."는 의미있는 대답을 건넸다.

부족민 동정

작년에 결혼한 신혼 부부 드디어 득녀. 귀한 딸의 탄생에 부족민 모두가 축하. 아기의 엄마는 열 번째 움집 장녀 쑥녀이고 아빠는 미사리에서 장가 온 곰이.

오늘 새벽 화재로 타 버린 움집 세 채를 다시 짓기 위한 마을 회의 소집. 오늘 저녁 촌장댁. 모두 참석 바람.

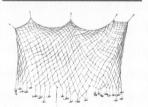

신문에는 이런 내용이 들어가요

1. 보도 기사 : 다양하게 일어난 소식을 알려주는 기사입니다.
   '누가, 언제, 어디서, 무엇을, 어떻게, 왜'의 여섯 가지 요소가 꼭 들어가요.
2. 특집 기사 : 특별히 쟁점이 되는 사건에 대해 안목을 넓혀 주는 기사예요.
3. 사설 : 시사 문제에 대해 신문사나 필자가 주관적인 주장을 펼쳐요.
4. 그 밖의 기사 : 기획 기사, 해설 기사, 만화, 사진, 독자 의견 등
5. 광고 : 광고도 신문의 일부랍니다.

암사소식 제12345567호

인재, 더 이상은 안 된다.

지난밤 고요하던 암사동은 삽시간에 아수라장으로 변했다. 상수리나무 아랫집에서 시작된 불은 바람을 타고 무서운 기세로 타올라 결국 이웃 움집을 두 채나 더 잿더미로 만들어 버렸다. 추운 겨울이 코앞인 지금 부족민들의 보금자리인 움집이 세 채나 타 버린 것도 막심한 피해이지만, 무엇보다 부상자가 십여 명이나 나온 것은 안타까운 일이 아닐 수 없다. 부주의로 불을 낸 당사자들이 가장 크게 다쳤으니 원망을 하기도 안쓰러운 상황이다. 하지만 무엇보다 한탄스러운 것은 이런 대형 화재가 이번이 처음이 아니라는 사실이다. 지난해 두 번이나 겪고도 또다시 발생한 이번 참사이기에 예방을 하지 못한 아쉬움은 더욱 크다. 당시에 전 부족민을 대상으로 불조심 교육을 강화하고 방재 시설을 보강하였더라면 이 만큼의 피해는 막을 수 있었을 것이다.

암사소식 논설위원 김원미

➡1면에 이어서

상수리나무 아랫집 일가족 중상

불이 시작된 상수리나무 아랫집 일가족 네 명은 심한 화상과 타박상을 입은 채 마을 회관으로 옮겨져 치료중이다. 약초 전문가인 칡넝쿨에 따르면 가족 모두 중상이긴 하나 생명에 지장은 없을 것이라고.

저장 구덩 2구 전소 등 피해 커

이번 화재는 움집 세 채 외에도 저장구덩 2구, 건조 중이던 생선 30여 마리와 도토리 가루 2항아리를 완전히 태웠다. 겨울을 나기 위한 식량 수급에 차질이 생길 것으로 보인다.

촌장, "피해 가족 지원에 최선 다할 것"

촌장을 만나 어떤 대책이 있는지 들어 보았다. 촌장은 지금으로서는 부족한 식량은 사냥으로 충당하고, 피해자들을 치료하고 움집을 짓는 것이 급선무라며 불을 낸 가족을 비롯한 모든 피해자들이 추위나 배고픔을 겪지 않고 겨울을 날 수 있도록 하겠다고 말했다.

생활의 지혜

유행하는 토기 무늬 따라하기

토기에 사선 무늬만 입히는 것은 이제 옛말이다. 최근에는 토기 주등이에 점무늬를 찍어 주는 것이 유행이다. 무늬를 예쁘게 넣으려면 잘 다듬은 나뭇가지나 굵은 생선뼈를 이용하면 된다.

생선을 위생적으로 말리려면

바람이 잘 불어 생선을 말리기 좋은 시기이다. 생선을 말릴 때 날벌레들이 꾀어서 골치일 때는 생선 껍질에 짐승의 기름 짠 것을 살짝 발라 준다.

인터뷰

마을 어른에게 듣는다

나무와 짚으로 지어진 우리의 움집. 화재에 약할 수밖에 없다. 이번 불이 인재라고는 하지만 아무리 주의를 한다고 해도 사람은 실수를 하기 마련이기에 화재를 막을 다른 방법은 없는지 지혜로운 마을 어른들께 물었다.

암사소식: 이번 화재를 어떻게 생각하시는지?
어른1: 요즘 사람들은 조심성이 없어서 탈이야. 한밤에 자다 말고 일어나서 불을 피우다니, 불이 얼마나 무서운지를 모르니 그런 짓을 하지.
암사소식: 하지만 꼭 밤에만 불이 나는 건 아닌데요?
어른2: 맞아. 나 어렸을 때도 움집에 번개가 쳐서 불이 난 적이 있어.
어른1: 하긴. 산불이 마을로 옮겨 붙은 적도 있었지.
어른2: 그러니 집을 짓는 재료를 바꿔야 해. 난 그전부터 그렇게 생각해 왔다고.
어른1: 집 짓는 재료는 구하기 쉬워야 해. 짚과 나무를 포기하면 무엇으로 집을 짓는다는 말이야?
암사소식: 어른1의 말씀에 일리가 있습니다. 또 어떤 재료가 있을까요?
어른2: 흙이 어떨까 하는데…. 토기처럼 불에 구우면 딱딱해서 쌓아올릴 수 있지 않겠어? 물론 지금의 기술로는 어렵겠지만 그렇다고 손 놓고 있을 수 없지. 우리야 이미 늙었지만 젊은 사람들이 새로운 기술을 개발해 내리라 믿네.

여기서
잠깐!

19쪽

(　　)　　(　　)　　(　　)　　(○)

36쪽

나는 선사 시대 박사!

❶ 유물과 유적을 발달 순서에 따라 연결해 보세요.

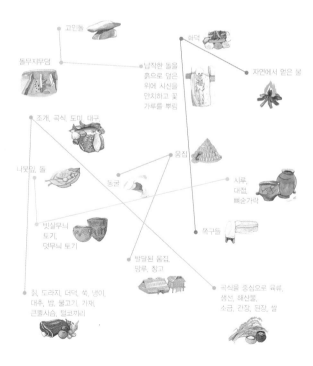

23쪽

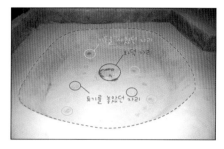

27쪽

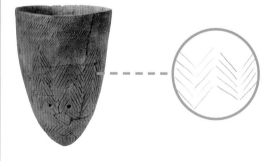

31쪽 본격적으로 농사를 짓기 시작한 청동기 시
대에는 반달돌칼을 더욱 편리하게 사용하기
위해서 가운데에 구멍을 뚫고 줄을 끼워 넣
은 뒤 사용했어요. 줄에 손을 넣어 손바닥으
로 반달돌칼의 칼등을 감싸주고 곡식의 이
삭을 잘랐던 것이지요. 이때 줄은 손등에 걸
쳐 조여 주는 역할을 한답니다.

❷ 신석기 시대 어린이의 일기

(구석기 시대)

3. 가을, 두루봉 농굴 어린이의 일기
   정말 슬픈 하루였다. 하이에나한테 물린 옆집 곰순
   이가 끝내 숨을 거두고 말았다. 내일은
   언니와 함께 곰순이의 영혼을 달랠 국화꽃을 따러
   갈 것이다.

(철기 시대)

4. 여름, 김해 회현리 어린이의 일기
   종일 벼 수확하는 것을 돕느라 힘들었지만 올해
   엔 농사가 잘되어서 기분은 좋다. 아빠는
   이번에 장만한 쇠낫 덕분에 수확을 빨리 할 수가
   있었다며 만족해 하셨다. 내일은 옆집 형이랑 같이
   대장간에 구경을 가기로 했다. 형의 아버지는 기술
   자이시다. 나도 커서 훌륭한 기술자가 되고 싶다.

❸ 움집에 관해 잘 배웠는지 확인해 보세요.

4~5명의 신석기인 가족의 보금자리였던 움집은 대개
(동근) 모양으로 지었답니다. 땅을 50~100센티미터
쯤 파고 (서까래)로 뼈대를 세운 다음 그 위에 나뭇잎
이나 (짚)을 덮었어요. 지금처럼 곧게 세운 벽은 없었
을 거예요. 그럴 만한 건축 기술이 아직 발달하지 못
했거든요. 지붕도 높게 올릴 줄 몰랐기 때문에 대신
땅을 파서 높게 만든 것이지요. 또 햇볕이 잘 들도록
(남향)으로 많이 지었고 바닥이 입구보다 낮았기 때
문에 입구 쪽에는 계단을 놓거나 비스듬하게 경사를
만들었어요. 입구 옆에는 저장구덩이가 있고, 집 한가운
데에는 음식을 조리하고 집 안을 따뜻하게 해 주는
(화덕)을 놓았어요.

❹ 다음 도구들 중에 암사동 신석기인들이 썼던 것을
골라 보세요.

갈돌과 갈판   청동검   주먹도끼   돌화살촉

그물추   활과 화살   돌보습   슴베찌르개

❺ 십자말풀이를 해 보세요.

¹돌	화	살	촉				⁸움
무					²게	⁶단	식	집	터
³지	배	자		⁵퇴		군		
무				적			⁴유	물
덤		⁵군	³화	층			적	
	²간		덕			⁷나		⁹도
⁶구	석	기		⁷빗	살	무	늬	토	기
	기					배		리	

몇 개나 맞혔나요?
이런, 암사 유적지에
또 가야겠다고요?

57

초등학교 교과서와 관련된 학년별 현장 체험학습 추천 장소

1학년 1학기 (21곳)	1학년 2학기 (18곳)	2학년 1학기 (21곳)	2학년 2학기 (25곳)	3학년 1학기 (31곳)	3학년 2학기 (37곳)
철도박물관	농촌 체험	소방서와 경찰서	소방서와 경찰서	경희대자연사박물관	IT월드(과천정보나라)
소방서와 경찰서	광릉	서울대공원 동물원	서울대공원 동물원	광릉수목원	강원도
시민안전체험관	홍릉 산림과학관	농촌 체험	강릉단오제	국립민속박물관	경희대자연사박물관
천마산	소방서와 경찰서	천마산	천마산	국립서울과학관	광릉수목원
서울대공원 동물원	월드컵공원	남산골 한옥마을	월드컵공원	국립중앙박물관	국립경주박물관
농촌 체험	시민안전체험관	한국민속촌	남산골 한옥마을	기상청	국립고궁박물관
코엑스 아쿠아리움	서울대공원 동물원	국립서울과학관	한국민속촌	서대문자연사박물관	국립국악박물관
선유도공원	우포늪	서울숲	농촌 체험	선유도공원	국립부여박물관
양재천	철새	갯벌	서울숲	시장 체험	국립서울과학관
한강	코엑스 아쿠아리움	양재천	양재천	신문박물관	남산
에버랜드	짚풀생활사박물관	동굴	선유도공원	경상북도	남산골 한옥마을
서울숲	국악박물관	고성 공룡박물관	불국사와 석굴암	양재천	롯데월드민속박물관
갯벌	천문대	코엑스 아쿠아리움	국립중앙박물관	경기도	국립민속박물관
고성 공룡박물관	자연생태박물관	옹기민속박물관	국립민속박물관	이화여대자연사박물관	삼성어린이박물관
서대문자연사박물관	세종문화회관	기상청	전쟁기념관	전쟁기념관	서대문자연사박물관
옹기민속박물관	예술의 전당	시장 체험	판소리	천마산	선유도공원
어린이 교통공원	어린이대공원	에버랜드	DMZ	한강	소방서와 경찰서
어린이 도서관	서울놀이마당	경복궁	시장 체험	화폐금융박물관	시민안전체험관
서울대공원		강릉단오제	광릉	호림박물관	경상북도
남산자연공원		몽촌역사관	홍릉 산림과학관	홍릉 산림과학관	월드컵공원
삼성어린이박물관		국립현대미술관	국립현충원	우포늪	육군사관학교
			국립4·19묘지	소나무 극장	해군사관학교
			지구촌민속박물관	예지원	공군사관학교
			우정박물관	자운서원	철도박물관
			한국통신박물관	서울타워	이화여대자연사박물관
				국립중앙과학관	제주도
				엑스포과학공원	천마산
				올림픽공원	천문대
				전라남도	태백석탄박물관
				경상남도	판소리박물관
				허준박물관	한국민속촌
					임진각
					오두산 통일전망대
					한국천문연구원
					종이미술박물관
					짚풀생활사박물관
					토탈야외미술관

4학년 1학기 (34곳)	4학년 2학기 (56곳)	5학년 1학기 (35곳)	5학년 2학기 (51곳)	6학년 1학기 (36곳)	6학년 2학기 (39곳)
강화도	IT월드 (과천정보나라)	갯벌	IT월드(과천정보나라)	경기도박물관	IT월드(과천정보나라)
갯벌	강화도	광릉수목원	강원도	경복궁	KBS 방송국
경희대자연사박물관	경기도박물관	국립민속박물관	경기도박물관	덕수궁과 정동	경기도박물관
광릉수목원	경복궁 / 경상북도	국립중앙박물관	경복궁	경상북도	경복궁
국립서울과학관	경주역사유적지구	기상청	덕수궁과 정동	고성 공룡박물관	경희대자연사박물관
기상청	경희대자연사박물관	남산골 한옥마을	경상북도	국립민속박물관	광릉수목원
농촌 체험	고창, 화순, 강화 고인돌유적	농업박물관	경희대자연사박물관	국립서울과학관	국립민속박물관
서대문자연사박물관	전라북도	농촌 체험	고인쇄박물관	국립중앙박물관	국립중앙박물관
서대문형무소역사관	고성공룡박물관	서울국립과학관	충청도	농업박물관	국회의사당
서울역사박물관	충청도	서울대공원 동물원	광릉수목원	롯데월드민속박물관	기상청
소방서와 경찰서	국립경주박물관	서울숲	국립공주박물관	몽촌토성과 풍납토성	남산
수원화성	국립민속박물관	서울시청	국립경주박물관	민주화현장	남산골 한옥마을
시장 체험	국립부여박물관	서울역사박물관	국립고궁박물관	백범기념관	대법원
경상북도	국립서울과학관	시민안전체험관	국립민속박물관	서대문자연사박물관	대학로
양재천	국립중앙박물관	경상북도	국립서울과학관	서대문형무소 역사관	민주화현장
옹기민속박물관	국립국악박물관 / 남산	양재천	국립중앙박물관	서울역사박물관	백범기념관
월드컵공원	남산골 한옥마을	강원도	남산골 한옥마을	조선의 왕릉	아인스월드
철도박물관	농업박물관 / 대법원	월드컵공원	농업박물관	성균관	서대문자연사박물관
이화여대자연사박물관	대학로	유명산	롯데월드민속박물관	시민안전체험관	국립서울과학관
천마산	롯데월드민속박물관	제주도	충청도	경상북도	서울숲
천문대	몽촌토성과 풍납토성	짚풀생활사박물관	서대문자연사박물관	암사동 선사주거지	신문박물관
철새	불국사와 석굴암	천마산	성균관	운현궁과 인사동	양재천
홍릉 산림과학관	서대문자연사박물관	한강	세종대왕기념관	전쟁기념관	월드컵공원
화폐금융박물관	서울대공원 동물원	한국민속촌	수원화성	천문대	육군사관학교
선유도공원	서울숲	호림박물관	시민안전체험관	철새	이화여대자연사박물관
독립공원	서울역사박물관	홍릉 산림과학관	시장 체험 / 신문박물관	청계천	중남미박물관
탑골공원	조선의 왕릉	하회마을	경기도	짚풀생활사박물관	짚풀생활사박물관
신문박물관	세종대왕기념관	대법원	강원도	태백석탄박물관	창덕궁
서울시의회	수원화성	김치박물관	경상북도	해인사 고려대장경과 장경판전	천문대
선거관리위원회	승정원 일기 / 양재천	난지하수처리사업소	옹기민속박물관	호림박물관	우포늪
소양댐	옹기민속박물관	농촌, 어촌, 산촌 마을	운현궁과 인사동	유니세프 한국위원회	판소리박물관
서남하수처리사업소	월드컵공원	들꽃수목원	육군사관학교	무령왕릉	한강
중랑구재활용센터	육군사관학교	정보나라	이화여대자연사박물관	현충사	홍릉 산림과학관
중랑하수처리사업소	철도박물관	드림랜드	전라북도	덕포진교육박물관	화폐금융박물관
	이회여대지연시박물관	국립극장	전쟁박물관	서울대학교 의학박물관	훈민정음
	조선왕조실록 / 종묘		창경궁 / 천마산	상수허브랜드	상수도연구소
	종묘제례		천문대		한국자원공사
	창경궁 / 창덕궁		태백석탄박물관		동대문소방서
	천문대 / 청계천		한강		중앙119구조대
	태백석탄박물관		한국민속촌		
	판소리 / 한강		해인사 고려대장경과 장경판전		
	한국민속촌		화폐금융박물관		
	해인사 고려대장경과 장경판전		중남미문화원		
	호림박물관		첨성대		
	화폐금융박물관		절두산순교유적지		
	훈민정음		천도교 중앙대교장		
	온양민속박물관		한국에너지기술연구원		
	아인스월드		한국자수박물관		
			초전섬유퀼트박물관		

사진

주니어김영사 p4(매표소), p9(움집들, 숲길), p10–11(움집), p13(토기), p16(빗살무늬 토기), p18(그물), p19(갈돌과 갈판, 빗살무늬 토기, 활과 화살), p21(집터, 전시실 전경, 신석기인 모형), p22(계단식 집터, 집터), p23(집터), p26(빗살무늬 토기), p27(빗살무늬 토기, 돌도끼, 돌칼, 돌끌), p30(돌보습), p31(돌칼, 반달 돌칼, 돌낫, 갈돌과 갈판, 탕화된 도토리), p32(멧돼지와 신석기인 모형), p33(활과 화살, 돌화살촉), p36(그물추), p37(그물추, 낚시추바늘, 이음낚시바늘), p39(전시실 내부, 전시실 전경, 움집), p40(불 피우는 도구), p41(활을 비벼서 불 피우는 도구, 관성 바퀴를 이용해 불을 피우는 도구, 서까래, 화덕 자리), p42(신석기 시대 무덤), p43(뼈목걸이, 조개팔찌, 가락바퀴), p46–47(신석기인들의 생활 모습 재현), p48(비파형동검)

국립중앙박물관 p28(남부 지역 토기들, 동북 지역 토기들), p13(삼국유사), p19(거푸집), p49(초기 철기 시대 토기)

국립청주박물관 p34(슴베찌르개, 주먹찌르개, 주먹도끼, 밀개), p35(돌송곳, 돌망치, 돌도끼)